LES
HORREURS DE LA CAMPAGNE
DE 1814
dans le Département de l'Aube

Par Ch. ARPIN

GRANDE IMPRIMERIE DE TROYES
126, rue Thiers, 126

1910

LES
HORREURS DE LA CAMPAGNE
DE 1814

LES
HORREURS DE LA CAMPAGNE
DE 1814

Dans le Département de l'Aube

Par Ch. ARPIN

GRANDE IMPRIMERIE DE TROYES
126, rue Thiers, 126

—

1910

En publiant cette conférence, nous avons voulu apporter notre pierre à l'édifice de la Paix, estimant qu'un des meilleurs moyens de combattre la Guerre, c'est d'en peindre les horreurs.

Nous dédions cette brochure à ceux qui pensent, à ceux qui sont convaincus que la Guerre ne sert que des intérêts égoïstes et à ceux qui croient que le Progrès social et l'Évolution intégrale de la masse productive de la richesse publique vers une vie meilleure, ne peuvent s'accomplir que dans la paix.

Ch. A.

Expédition de Cosaques, près Brienne — Collection des gravures du Château de Brienne
Il s'agit de la ferme ou du manoir de Brevonnelle dépendant de la commune de Matbaux. Voir mémoires de la *Société Académique de l'Aube*, année 1900.

LES HORREURS DE LA CAMPAGNE

DE 1814

Dans le Département de l'Aube (1)

1814 a longtemps sonné comme un glas dans le cœur des Français ; mais les années ont coulé et les désastres ont été oubliés. Les villages ont relevé leurs ruines ; les habitations ont repris une physionomie de jeunesse et de gaieté et le nom seul de Cosaque (2) a perpétué parmi les populations, la crainte et la répulsion que les troupes alliées avaient inspirées. Ne seraient les papiers poudreux des archives ou les livres du temps, rien ne survivrait des horreurs de cette sombre année.

Parcourir les rapports des fonctionnaires, les épitres venues du village (3), c'est revivre cette triste époque, dans toute sa hideur; c'est assister aux galopades des Cosaques, des Bavarois, des Wurtembergeois, des Autrichiens, des Prussiens et des Russes dans les rues des hameaux et des bourgs; c'est entendre leurs exigences, c'est être témoin de leurs crimes; c'est ressentir les appréhensions et les craintes des habitants ; c'est sonder leur ruine et comprendre le désespoir des parents devant leur maison brûlée et devant leur fille déshonorée.

Ces soldats dont l'horrible conduite nous répugne ne sont cependant pas les vrais coupables; ce ne sont que des brutes gorgées à bon escient de vin et d'eau-de-vie et dépourvues par cela même de tout sens moral; les vrais coupables, ceux que nous devons clouer au pilori de l'histoire, ce sont les gouvernants,

---

(1) Conférence faite à Troyes, à Bar-sur-Aube et à Verrières.
(2) D'après les traditions locales, les Prussiens auraient commis plus d'atrocités encore que les Cosaques. « Selon M. Henry Houssaye, ils se valaient. Pour le pillage et les violences, les Prussiens et les Cosaques devraient avoir le premier prix *ex æquo*; les Bavarois et les Wurtembergeois le second. Les Russes réguliers et les Autrichiens n'ont droit qu'à un accessit, mais bien mérité. » 1814 note p. 44.

(3) Voir ux pièces justificatives.

rois, princes ou empereurs dont le despotisme, l'ambition et l'intérêt conduisent les peuples à la boucherie ; ce sont

« Les Altesses,
Qui, vous à peine enterrés,
Se feront des politesses
Pendant que vous pourrirez » (1)

En l'occurence, celui sur qui retombe la responsabilité des malheurs sans nombre qui se sont alors abattus sur la France, c'est Napoléon Ier, c'est le « colossal parvenu » dont le corps étouffe aux Invalides sous le poids des deux millions de Français qui dorment dans les charniers de l'Europe.

Par sa faute, que de foyers abandonnés, que de familles éteintes, que de bras ravis à la terre ou à l'atelier, et que d'hommes distraits du rôle social pour lequel ils avaient été créés.

***

Vingt ans de guerre avaient plongé la France dans une misère profonde ; la terre ne produisait plus, les villages mouraient et la ruine de la Patrie se consommait. Dès le début de la campagne le dénûment était extrême dans le département de l'Aube. « L'arrondissement d'Arcis, écrivait le Préfet, est épuisé, surtout de fourrages. Troyes est encore fourni des approvisionnements, mais sera bientôt dans le même cas. On ne trouve plus de bestiaux dans les campagnes: le propriétaire effrayé les a retirés dans les bois où il s'est établi à demeure avec sa famille » (2). « Nos pays à grains ont été visités par l'ennemi, parcourus en tous sens et mis dans l'impossibilité de rien fournir. Ce que je dis des grains s'applique également aux viandes » (3).

Le peuple, comme les généraux désireux de jouir de leurs majorats, aspirait à la paix. C'était partout la lassitude; l'accablement remplaçait la vieille énergie française et la désertion l'antique *furia* ! « Il n'y a plus d'énergie en France », relatait, le 3 février, le duc de Vicence (4); l'invasion terrifie les populations, mais la France abattue n'a pas un frémissement de révolte. Pas plus ici qu'ailleurs, l'invasion ne rallume le patriotisme ni ne suscite de soulèvement. Au contraire, « le département se désorganise, l'approche de l'ennemi fait que chacun ne pense plus qu'à soi et pas du tout au salut public. » (5).

---

(1) Les chansons des rues et des bois. V. Hugo. (Depuis 6.000 ans la guerre.)
(2) Lettre adressée le 27 janvier 1814 par le Préfet au Commissaire des guerres Duledo. — Archives de l'Aube R-1814. Affaires militaires 14.
(3) Lettre adressée le 2 février 1814 par le Préfet à l'ordonnateur des subsistances. — Archives de l'Aube R²-1814. Affaires militaires 14.
(4) 1814. — Henry Houssaye, p. 16.
(5) Lettre adressée le 22 janvier 1814 par le Préfet à l'intendant général de l'armée. — Archives de l'Aube, R²-1814. Affaires militaires 14.

Les rapports du baron Charles Cafarelli, préfet de l'Aube d'alors, reflètent cette indifférence incroyable devant l'ennemi: « Si nous avons des succès, écrit-il le 1ᵉʳ février 1814, dans un rapport confidentiel, on se réjouira, tout en sentant la douleur des plaies qu'on aura reçues; dans le cas contraire, on baissera la tête, on se soumettra à la misère, à l'humiliation, et on ne fera rien pour en sortir. » (1)

La ville de Troyes était plongée dans un état d'affaissement moral, voisin de la lâcheté. « On se tait, mais on tremble de se défendre, parce qu'on craint l'incendie facile d'une ville de bois; l'idée des suites d'une défense qui ne saurait être longue est toute aussi forte que celle d'un incendie » (2).

Plus de volonté, plus de ressort, voilà le peuple qui a fait la Révolution. Il faudra les suites cruelles de l'invasion pour ranimer le sang français; mais alors le réveil sera terrible.

Au cœur de l'hiver, en plein mois de janvier, Schwarzenberg avec 200.000 hommes de l'armée de Bohême, débouchait par Bâle tandis que Blucher, avec 46.000 hommes de l'armée de Silésie, faisait irruption en France par Mayence et Bernadotte, avec 42.800 Hommes, par la Belgique.

Ce flot d'envahisseurs s'achemina vers Paris par les vallées de la Seine et de la Marne.

Napoléon avec 46.000 hommes seulement, au début de la campagne, fit face à tous ces ennemis. Il déploya un rare génie militaire, et redevint avec éclat le jeune général de la Révolution. Tour à tour vainqueur et vaincu, il ne croula pas moins devant le nombre et devant la fatalité (3).

Le 21 janvier, l'armée de Bohême, en deux colonnes, cantonnait à Bar-sur-Aube et à Bar-sur-Seine. Le 26 janvier Blucher occupait Saint-Dizier et Brienne, où devait s'opérer la concentration. De Châlons, Napoléon se porta précipitamment sur ce dernier point pour l'empêcher. Le 29 janvier, il s'en empara, mais manquant son but il rejeta Blucher sur Schwarzenberg au lieu de l'en séparer. Le 1ᵉʳ février, il livra dans la plaine de la Rothière, la bataille fameuse où les Français combattirent un contre trois, défendant le terrain pied à pied, et à la faveur de la nuit, se retirant sur Troyes, où ils entrèrent le 3 février.

---

(1) Napoléon et les alliés à Troyes et dans le département de l'Aube. — P. Foncin, pièces justificatives, p. 71.

(2) Napoléon et les alliés à Troyes et dans le département de l'Aube. — P. Foncin, pièces justificatives, p. 69.

(3) 1814. — Henry Houssaye ; note p. 60.

Sollicité pour conclure la paix, l'Empereur donna carte blanche à son plénipotentiaire Caulaincourt, au Congrès de Châtillon; mais déjà dans sa tête germaient de nouveaux plans. Schwazenberg et Blucher marchaient de nouveau isolément, suivant leurs routes primitives. Blucher cheminait le long de la Marne; Napoléon l'apprit et décida de l'y attaquer. Le 6, il fit une feinte sur Bar-sur-Seine, laissa un rideau de troupes devant Troyes et se rendit le 9 pour entrer dans la Marne et battre le général prussien à Champaubert, à Montmirail, à Château-Thierry, à Vauchamps, les 10, 11, 12 et 14 février.

Le 7, Schwarzenberg avisé du départ de l'Empereur, pénétra dans Troyes qui ne lui offrit pas la moindre résistance. Il s'avança hâtivement sur Paris, non sans avoir rencontré une opposition sérieuse à Nogent-sur-Seine, où la population (fait rare) participa avec la troupe à la défense de la ville. (1).

Arrivé aux portes de Fontainebleau, le généralissime autrichien savourait par avance le plaisir d'entrer avant Blucher, en triomphateur dans la capitale française; mais il comptait sans son hôte, qui le 17 lui tomba dessus à Nangis et l'obligea à reculer jusqu'à Troyes, qu'il atteignit en désordre le 20.

Napoléon, un instant retardé par de faux mouvements de Macdonald et d'Oudinot, ne reprit contact avec son adversaire que le 22. Le jour même, il culbuta à Méry-sur-Seine, les avants-postes de Blücher, dont les troupes allaient à la rencontre de celles de Schwarzenberg. L'ennemi apeuré abandonna à la hâte le bourg. Pour protéger sa retraite il mit avec une rage folle le feu au pont et à cinquante-deux maisons.

En peu de minutes, la malheureuse petite ville ne présenta plus de toutes parts qu'un vaste foyer de flammes. « L'incendie n'a laissé aux habitants qu'une trentaine de maisons dans le faubourg; pas une seule dans la ville n'a échappé aux flammes. » (2).

En joignant Schwazenberg à Troyes, le 24, Napoléon croyait bien l'écraser, mais le général autrichien, avec une intuition dont il n'avait jamais fait preuve, refusa la bataille et se retira à Bar-sur-Aube, où se tint entre le roi de Prusse et les Empereurs d'Autriche et de Russie un conseil de guerre qui modifia la composition et la marche des armées, amena les revers de l'Empereur et causa sa chute: Schwazenberg se repliait sur Langres, Blücher obtenait des renforts de l'armée du Nord et avait la libre disposition de ses mouvements. Dégagé de toute entrave, il se mit rapidement en marche sur Meaux et Paris.

---

(1) V. Patrie (Aube) : Défense de Nogent-sur-Seine, les 10, 11 et 12 février 1814. Ch. Arpin, p. 58.

(2) Registre de délibérations de Méry-sur-Seine — 2 Juillet 1814.

Napoléon au pont d'Arcis-sur-Aube (20 mars 1814), par Beaucé — Musée de Troyes

A cette nouvelle, Napoléon sortit de Troyes en secret, passa à Sézanne, poussa Blücher sur Soissons, qui ne tint pas assez longtemps, le harcela à Craonne et s'épuisa vainement autour de Laon les 9 et 10 mars. Le 13, il disputa Reims aux Russes qu'il délogea, coupant ainsi les communications entre les deux armées ennemies. Sa situation n'en était pas moins critique, la route de Paris restant ouverte.

Schwarzenberg, débarrassé de Napoléon, occupa à nouveau Troyes le 4 mars, après les combats acharnés de Bar-sur-Aube et de la Guillotière et marcha sur la capitale. Il réapparut en vainqueur à Nogent les 18 et 19 mars. Avec une quiétude parfaite, il atteignait Provins, quand Napoléon dessina sur lui un mouvement offensif. Aussitôt il ordonna la retraite. Pour la deuxième fois dans cette campagne il vit juste et sauva les alliés en prescrivant une marche en avant sur Arcis et la concentration à l'est de ce dernier point. Le 20 mars, Napoléon trompé se heurta, avec 20.000 hommes, au gros de l'armée ennemie, soit à 90.000 soldats, croyant s'attaquer à une arrière-garde. Pendant deux jours, la petite armée française lutta héroïquement, sans céder un pouce de terrain, obligeant même les ennemis à prendre position en arrière du champ de bataille. Finalement Napoléon se replia sur Vitry dans l'intention de prendre les ennemis par derrière et de soulever les garnisons de l'Est, si toutefois Paris tenait encore quelque temps : mais Paris ne tint pas !

Les alliés très perplexes après la bataille d'Arcis résolurent enfin de gagner Paris sans retard. Cette décision jeta la consternation dans l'armée française. Le 28 mars une dépêche du directeur général des postes ainsi conçue : « la présence de l'Empereur est indispensable, s'il veut empêcher que sa capitale soit livrée à l'ennemi » (1), l'engagea à suivre les conseils des généraux et à exaucer le vœu de ses soldats. Le 29 il était à Troyes avec son armée. Il s'y reposa trois heures, puis en poste ou à cheval, il brûla les étapes, et le 30 arriva à Fontainebleau... Une nouvelle foudroyante l'attendait : Paris s'était rendu : sa présence devenait désormais inutile. Le 6 avril il abdiqua, fit ses adieux à sa vieille garde et alla prendre la souveraineté de l'île d'Elbe.

Ainsi finit cette horrible campagne qui ramena souvent amis et ennemis sur notre sol et le couvrit de ruines et de sang (2).

***

En franchissant le Rhin, les coalisés avaient lancé des proclamations où ils déclaraient ne pas faire la guerre à la France,

---

(1) Houssaye, 1814, p. 413
(2) Cf. Henry Houssaye et Pougiat. Passim.

mais à Napoléon. Schwarzenberg ne publiait-il pas à son entrée sur notre territoire ce manifeste : « Magistrats, propriétaires, cultivateurs, restez dans vos foyers. Le maintien de l'ordre public, le respect pour les propriétés particulières, la discipline la plus sévère marqueront le passage et le séjour des armées alliées. Elles ne sont animées de nul esprit de vengeance. » (1). Il osait même dire dans l'ordre du jour qu'il adressa à ses troupes à leur arrivée à Troyes: « Tout soldat arrêté pillant ou commettant quelqu'exaction, sera sur-le-champ traduit devant un conseil de guerre et puni de mort. » (2). Non seulement ces proclamations étaient menteuses, non seulement l'esprit de vengeance animait ces soudards, mais la ruine de la France était décidée avant la violation de son sol.

Le pillage était autorisé par le corps des officiers, commandé et exécuté par ceux-là même dont le devoir aurait été de l'interdire. Il durait deux heures, quatre heures ou même des jours entiers selon le bon plaisir des chefs. A sa deuxième rentrée à Troyes, l'étranger livra la ville « pendant trente heures à un pillage général, qu'il restreignit ensuite au quartier bas où il le prolongea pendant onze jours. » (3). En réalité, il mit l'habitant en coupe réglée du 7 février à mi-avril, ne lui laissant de répit que pendant la courte occupation française.

Aux exactions de la soldatesque s'ajoutaient les réquisitions monstrueuses dont les villes et les villages supportaient le poids.

Le 9 et le 11 février le prince de Hohenlohe, gouverneur de plusieurs départements occupés et en résidence à Troyes, exigea de cette place : 20.000 aunes (4) de drap, 50.000 de toile, 18.000 paires de souliers, 8.000 chemises, 1.000 cuirs pour ressemelage, 10.000 fers à cheval, 100.000 clous pour ferrer les chevaux et 5.000 francs (5) pour les besoins de la ville, les siens plutôt, car cet argent entra dans sa cassette. Dans les vingt-quatre heures, les officiers municipaux devaient répondre à ces demandes, sous peine d'exécution militaire, c'est-à-dire de mort ou d'occupation de leur logement par des garnisaires (6). Le 11, il impose à tout le département la fourniture de 12.000 quintaux de farine ordinaire, 6.000 quintaux de farine plus fine, 3.000 quintaux de riz,

---

(1) Moniteur universel du 20 janvier 1814 (les exemplaires de ce moniteur ont été supprimés). — Cf. Pougiat, p. 468.

(2) Pougiat, p. 468.

(3) Pougiat, p. 298.

(4) L'aune valait 1 m. 20 (décret du 12 février 1812).

(5) Pougiat, p. 215. — *Moniteur universel* du 4 mars 1814.

(6) Ces garnisaires, payés 6 francs par jour par ceux dont ils gardaient la maison, se montraient odieux par leur cruauté et leurs exigences.

400 quintaux de sel, 12.000 pièces de vin, 3.000 pièces d'eau-de-vie, 70.000 mesures d'avoine à 8 rations la mesure, 18.000 quintaux de foin, et 1.000 pièces de bœufs. (1).

Ces réquisitions s'exécutaient sans préjudice des impositions particulières faites par MM. les officiers sur la présentation de bons délivrés par eux. C'était le vol déguisé ; il fallait subir ces excès, ce sont les lois de la guerre.

A la rentrée des Alliés, le 7 mars, les exigences recommencèrent et les contributions nouvelles tombèrent ferme sur les pauvres Troyens qui n'en pouvaient mais. La plus odieuse de toutes est l'obligation dans laquelle la ville, qui depuis un mois nourrissait au moins 70.000 hommes et vivait dans le plus grand dénûment, fut de fournir 200.000 rations de pain. Condamnée à nourrir des troupes de plus en plus avides, elle se trouvait dans un embarras extrême. Le peuple de Troyes, par peur des représailles qui tomberaient sur ses dévoués maire et adjoints (2) se saigna une fois encore des quatre veines et avec une rare abnégation déposa qui une miche, qui deux, et petit à petit s'amassèrent les rations requises. Les alliés n'avaient nullement besoin de cette provision, car le 12 mars, ils jetèrent du haut du pont de Saint-Jacques des fourgons de pain et de farine qu'ils avaient laissé avarier à plaisir. Ces actes qui étaient pour eux des jeux ne se jugent pas.

La même réquisition comportait 6.000 fusils ou 60.000 francs. Une autre fois, le digne gouverneur imposa le versement de 200.000 francs (3). Tous les jours c'était demande nouvelle. La malheureuse cité troyenne eut environ deux millions de francs à sortir de ses caisses ou de la bourse de ses habitants pour obtempérer aux réclamations incessantes du vainqueur.

Avec de tels hôtes, ceux qui détenaient une partie de l'autorité, occupaient des situations bien ingrates. Ils vivaient dans la crainte de travailler à leur insu, par leur imprudence ou leur trop grand attachement à la fortune de leurs administrés, à l'incendie ou au pillage de leur ville ou de leur village. Sans cesse exposés aux affronts, aux menaces, aux injures, aux coups et aux plus odieux outrages des officiers étrangers avec lesquels ils étaient journellement en rapport, ils tremblaient aussi pour leur propre existence.

A Arcis, le 18 mars, un officier cosaque se présente à la Mairie, où l'adjoint, M. Finot vient prendre ses ordres. Le Russe exige une fourniture de vivres et fourrages. Impossible de lui en trouver, la ville est dépourvue de tout. Une visite dans les mai-

---

(1) Pougiat, p. 233. — Archives de l'Aube, R. 4481 — *Moniteur universel* du 4 mars 1814.
(2) MM. Piot de Courcelles, maire ; Payn et Debure, adjoints.
(3) Pougiat, p. 306 et suivantes.

sons de culture et autres est néanmoins résolue. L'officier et le représentant de la commune se mettent en campagne. Une perquisition infructueuse dans une vingtaine d'habitations exaspère le Cosaque. Sur son ordre un soldat passe une corde au cou de M. Finot que l'on traîne dans les rues comme une bête de somme, non sans serrer petit à petit le nœud coulant. La fuite mit heureusement fin à cette triste tournée dont le terme était la mort par strangulation (1).

Les villages tremblaient d'effroi à l'approche de l'ennemi, car leur pauvreté ne touchait pas les terribles envahisseurs. Les demandes impératives de foin, de paille, de victuailles et des meilleures, de vin et du bon, se multipliaient, sans pour cela empêcher ou diminuer les indemnités réclamées par l'administration départementale fonctionnant malgré elle sous l'autorité étrangère. (2). Ils succombaient sous le faix des charges, et les lettres de leur maire, sont autant de douloureux placets, accusant leur ruine. (3).

La commune d'Etourvy dans le canton de Chaource, qui comptait 160 habitants seulement, dut tirer de ses ressources « 1.650 bottes de foin, 700 boisseaux d'avoine, 225 boisseaux de blé et farine, 380 bottes de paille, 20 feuillettes de vin, 3 feuillettes d'eau-de-vie, 16 vaches, 400 livres de pain, 80 livres de lard et une corde de bois. » Du 6 au 7 février, elle logea 1.350 hommes et autant de chevaux, « sans y comprendre les domestiques des officiers et leurs chevaux de main ».

Il se consomma dans la seule nuit de leur séjour plus de 2.000 boisseaux d'avoine et d'orge, auxquels il faut ajouter une grande quantité de blé non battu qui servit de litière aux chevaux. Tout ce que les Russes ont mangé, perdu et emporté, écrit le maire,

---

(1) Pougiat, p. 396 et suivantes.

(2) Les autorités durent prêter le serment suivant tout en « faisant les protestations et réserves nécessaires ». — « Nous, soussignés, secrétaire général, conseiller de préfecture du département de l'Aube et maire de la ville de Troyes, jurons de ne rien entreprendre ou laisser entreprendre qui puisse troubler le repos public ou être nuisible aux armées des hautes puissances alliées. Nous jurons en même temps d'administrer et de faire fidèlement administrer par les employés sous nos ordres, au profit des hautes puissances alliées, tous les revenus publics quelconques, ceux du domaine de S. M. l'Empereur, ainsi que tous fonds, rentes ou deniers publics, sous quelque dénomination qu'ils existent, et qui sont perçus par le Gouvernement français.

Nous jurons également d'exécuter et de faire exactement et fidèlement exécuter tous les ordres des généraux en chefs ou de leurs substituts qui auront pour but la subsistance des troupes des hautes puissances alliées ou des mesures de police qui seront jugées nécessaires. » *Moniteur universel*, 4 mars 1814.

Ce serment rappelle un peu la proclamation de Blücher : « Tout employé doit rester à son poste et continuer ses fonctions.... »

(3) Voir aux pièces justificatives.

n'est pas calculable. Tels sont, au 19 février, c'est-à-dire au commencement des hostilités, les pertes d'une pauvre petite commune qui ne subvient que difficilement aux besoins de sa population. (1).

Sur une réquisition de fourrage et de grains, adressée en mai 1814, le village de Coussegrey, voisin de celui d'Etourvy, ayant souffert considérablement par le passage et le séjour continuels de troupes étrangères, ne put rassembler que 260 bottes de foin, 450 bottes de paille et 100 boisseaux d'avoine ou d'orge, cela avec beaucoup de peine, car à cette époque, les chevaux ne mangeaient plus que de la paille et se passaient d'avoine (2).

Ces villages étaient loin du centre des opérations, loin des routes régulièrement suivies, et occupés seulement par de faibles détachements. Que l'on juge par leur ravage, de la dévastation des bourgades situées à proximité des chemins battus et rebattus par les hordes ennemies.

A Rumilly-les-Vaudes où bivouaquèrent en plus d'une occasion 10 à 15.000 hommes, beaucoup d'habitants ont vu leur mobilier détruit, leurs effets volés, leur maison incendiée, leurs récoltes et leurs bestiaux enlevés. Après la guerre, la ruine de ce village de 192 feux était entière; on le comprendra aisément quand l'on saura qu'il y fut pris 2.194 boisseaux de froment, 1.183 boisseaux de seigle ou d'orge, 10.624 boisseaux d'avoine, 41.525 bottes de foin, 207 muids de vin et 128 muids de cidre. Pour comble de malheur, le bétail qui avait « échappé à l'avidité du soldat » périt d'une terrible épizootie et le nombre des bêtes à cornes tomba de 400 à 20, rendant presque impossible la culture des terres qui se pratiquait alors avec des bœufs. Beaucoup de villages en sont réduits là, d'autant plus que le sol foulé par les armées, piétiné par les chevaux, se cultivait très difficilement. (3).

Le 20 février, la commune de Vaudes, près de Clérey est excédée et ne peut plus, acquiescer au désir de la préfecture. Les troupes ont abondé dans le village; l'une d'elles a fait « battre et moudre le grain et a enlevé deux chariots de farine en partant ». On y est épuisé et sous la menace constante de l'incendie et du saccage si quelque détachement se présente. Le maire se pose cette terrifiante question. « Comment nourrir à présent les soldats qui peuvent venir par la suite et le peuple de Vaudes ? » (4).

---

(1) Archives de l'Aube, R 2, 1814, 14
(2) Archives de l'Aube, R² 1814, affaires militaires 14.
(3) Archives de l'Aube, m² d² 1814-1815. Adhésions au gouvernement de Louis XVIII V. aux pièces justificatives.
(4) Archivés de l'Aube, R² 1814, aff. milit. 14. V. pièces justificatives.

Cette question, de tous les coins des départements envahis, on se la posait.

Non seulement il fallait héberger les troupes des Coalisés, mais ouvrir des hôpitaux militaires, les garnir de lits, les approvisionner de matelas, de draps, pour recueillir et soigner leurs blessés. Sept furent primitivement établis par la ville de Troyes : à l'hospice civil, au grand séminaire, à l'Evêché, aux Orphelines de Saint-Abraham, à l'Eglise Saint-Nizier et à Saint-Urbain, avec un peu plus tard des succursales dans les quatre chefs-lieux d'arrondissement et à Clairvaux.

Le prince gouverneur, plein de sollicitude pour le service des hôpitaux frappa la ville d'une réquisition de 50,000 francs, dont il exigea le paiement presque immédiat en désignant d'office quatorze citoyens pour l'assurer. A peu de temps, il ordonna, à titre de prêt seulement, une fourniture de lits, de matelas, de couvertures et de draps pour les malades toujours plus nombreux évacués sur Troyes. Mais la délicatesse prussienne ne s'embarrassa pas de scrupule et lors de leur retraite, les Alliés emportèrent le meilleur des objets empruntés.

La dilapidation et le pillage s'effectuaient là comme ailleurs; les médicaments et les pansements ne trouvaient pas grâce devant les chirurgiens qui en consommaient d'une manière exorbitante, sans tenir compte de la difficulté que les administrateurs rencontraient à s'en procurer. L'hospice de Nogent fut entièrement saccagé le 12 février et celui de Clairvaux honteusement pillé dans les journées des 25, 26, 27 février et 1er mars.

Des vexations de toutes sortes et des outrages incessants récompensèrent l'humanité et le dévouement que les administrateurs déployèrent dans leur délicate et périlleuse mission.

L'entretien des blessés et des malades incombait naturellement aux vaincus. Du 1er janvier au 1er juillet 1814, 17.788 étrangers ayant reçus des soins dans les hôpitaux du département, ses charges augmentèrent de ce fait, de plus de 250.000 francs. (1).

Les soldats agissaient envers les habitants comme les officiers envers l'autorité. Toujours avides de sang et jamais repus, ils imposaient avec barbarie et cruauté leur odieuse présence. Ils enfonçaient les portes à coups de crosses, brisaient les meubles, frappaient les habitants, les dépouillaient de leurs vêtements, jetaient les malades, les vieillards, les femmes hors de leurs lits, les piétinaient, les accablaient d'outrages révoltants. Une mort souvent atroce cessait le martyr de qui leur résistait. D'une

---

(1) Pougiat, p. 235 et suivantes. Archives de l'Aube, R: 1814, affaires militaires 14.

odieuse exigence, ils réclamaient sans cesse. Du simple soldat à l'officier, ce n'était que rapines.

Le monceau de lettres qui dorment dans les cartons des archives accusent les malheurs sans nombre dont furent victimes les populations impuissantes à se défendre. Bien que l'on puisse accorder une part à l'exagération, le tableau n'en reste pas moins sombre.

Bonaventure Blavoyer Léger, propriétaire à Vendeuvre a éprouvé tous les malheurs possibles. « La maison qu'il habite a été pillée et dévastée; il a perdu tout son mobilier, son linge, ses habits, ses fourrages, ses grains, ses chevaux, ses vaches, toutes ses provisions, plus de 120 pièces de vin et d'eau-de-vie. Sa ferme à l'entrée de Vendeuvre, sur la route, à été brûlée... Ses pertes ont été si considérables qu'il est resté dépourvu de toutes espèces de ressources. » (1).

La misère força le maître de poste Bourlier de Troyes à déposer sa démission, la guerre lui ayant enlevé quarante-et-un chevaux et tous ses fourrages. (2).

Ses collègues n'ont pas souffert moins que lui ; leurs pertes s'élèvent parfois à 100.000 francs. Bien qu'exagérées en certains cas, elles n'en restent pas moins considérables, les relais étant sans cesse commandés pour les estafettes, les conduites et envahis par les officiers de toutes sortes.

Au Noës, les propriétés d'Edme Millard « ont été pillées et par suite totalement incendiées ainsi que les bâtiments qu'il occupait. » (3).

Lécuyer à Bar-sur-Aube a perdu en vingt-quatre heures son épouse et le fruit d'un travail assidu de quarante années. » Sa maison, son mobilier et ses marchandises ont été réduits en cendres. (4).

M. Ruotte maire et notaire à Bligny a été ruiné; sa maison entièrement mise à sac « tout ce qui était caché, comme ce qui était resté en évidence a été la proie du pillage et de la dévastation. »

Lui seul n'a pas été frappé, car son notariat ne rapportait plus et s'il faisait quelques actes, il était obligé d'avancer les frais d'enregistrement, tant la misère était grande (5).

---

(1) et (3) Archives de l'Aube R12, 4425. — Les lettres tirées de cette série, ont été écrites pour participer au secours de 11.000.000 de francs « accordés par le roi et les princes de sa famille pour secourir les départements qui ont le plus souffert des malheurs de la guerre. » Ordonnances des 18 mai et 20 septembre 1816.

(2) Archives de l'Aube R2, 1814. Affaires militaires 15.

(4) et (5) Archives de l'Aube, m 3, d 2, 1814-1815. — Les deux lettres tirées de cette série ont été écrites par les signataires, membres du Collège électoral, convoqués au Champ de Mars du 26 Mai 1815, pour s'excuser de ne pouvoir y assister.

Les habitants réduits à la plus affreuse indigence abandonnaient leurs demeures. Deux cents familles troyennes se retirèrent dans les collines de la forêt d'Othe, y vécurent de racines et d'un morceau de pain prélevé par les paysans d'alentour sur leur insuffisante subsistance. (1).

Dans tous les coins du département c'est le même état misérable, aussi les mêmes cris de douleur éclatent de toute part.

Ailleville offrait un spectacle épouvantable et aurait été totalement abandonné si le château, n'avait offert l'hospitalité aux vingt-deux ménages que la guerre avait épargnés. (2).

La commune de Lignol fut absolument ravagée. Les habitants dépouillés de ce qu'ils avaient, abandonnèrent leur domicile et s'exilèrent dans des villages moins malheureux que le leur. (3).

Les officiers généraux ne rougissaient pas de descendre à l'avilissement de la soldatesque. Non contents de vivre et de bien vivre, ils cassaient la vaisselle dans lesquels ils étaient servis, ou l'emportaient quand elle était de prix; ils mettaient sans honte la main sur les livres, les objets d'art, les bijoux à leur convenance.

A Villemereuil, près de Troyes, les officiers prussiens logés au château, après avoir pillé et fait piller par leurs domestiques le linge et les autres effets à leur goût brûlèrent les portes des armoires et des placards, menaçant de mort quiconque voudrait s'y opposer. (4).

* * *

Pas plus que les propriétés, les individus n'étaient respectés: dépouiller leurs victimes de leurs vêtements et les rouer de coups de fouet, constituait un des grands amusements de ces barbares.

Un commissaire de police de Troyes, Montessuit, rendu inviolable cependant par son écharpe, est renversé dans la boue, soulagé de sa montre et de ses bottes et abandonné dans la rue, revêtu seulement de son caleçon.

A Pougy, des officiers encore, ont trouvé fort intelligent de saisir le nez d'un honnête chirurgien entre des pincettes et de le promener en cet équipage plusieurs fois autour de sa chambre.

Le curé de Saint-Julien a subi des traitements indescriptibles dont il est mort.

Le propriétaire du moulin de Fouchy, rencontré par une bande

---

(1) Pougiat, p. 224.
(2) R², 1814, affaires militaires, 14.
(3) R², 1814, affaires militaires, 14.
(4) Cf. Pougiat. Passim.

armée est mis à nu et laissé en l'unique possession de son mouchoir. Il réclame à l'Empereur de Russie qui n'ouvre même pas une enquête (que nous sommes loin des proclamations). Les auteurs de l'attentat restent impunis et quelques jours après le moulin est détruit par les flammes.

A Villechétif, des soldats attachèrent à un arbre, pendant deux heures, par un froid rigoureux et un sol couvert de neige, un jeune homme coupable d'avoir défendu l'honneur de sa femme.

A Mesnil-Saint-Père et à Mesnil-Sellières, Autrichiens et Russes fusillaient lâchement et sans provocation les paisibles habitants qu'ils apercevaient dans les rues.

A Nogent-sur-Seine, un marchand de drap, porteur d'une certaine somme d'argent résiste à une agression : ses bourreaux le terrassent, le déshabillent, l'écartèlent et le laissent pour mort sur un tas d'immondices où une balle perdue abrégea ses souffrances.

Une respectable octogénaire, la dame Geslin l'alla rejoindre dans la tombe à la suite d'un attentat non moins atroce. Elle portait au doigt une bague ornée d'un brillant. Un cosaque la convoite, elle la lui accorde de bon gré, mais non sans chagrin; elle s'épuise en efforts pour la retirer du doigt qu'elle cerclait depuis longtemps. Le barbare s'impatiente et d'un coup de sabre, se rend propriétaire de l'anneau et du doigt qu'elle garnissait.

A Clérey, deux jeunes conscrits français, déserteurs, sont découverts cachés dans un sinot. Les soldats ravis de cette trouvaille, ne se sentent pas de joie; ils les abreuvent d'outrages, leur crèvent les yeux et les jettent tout vivants à la Seine.

Le plus odieux et le plus répugnant de leurs crimes est celui qu'ils commirent sur la personne du régisseur d'une ferme des environs de Troyes qu'ils coupèrent en morceaux et dont ils dispersèrent les lambeaux sanglants au vent. (1).

La liste de leur victime est interminable et concorde généralement avec celle de ceux dont ils ont ravagé les propriétés. En effet, Bonaventure Blavoyer dont nous avons déjà parlé « ayant eu trois côtes de cassées, a manqué de périr sous les coups de ses assassins. » (2).

Ses fonctions de maire ont plusieurs fois exposé à la mort M. Ruotte, de Bligny. Les 1er, 13, 14 février, le 24 mars et le 19 avril, notamment, il a « failli succomber sous le feu et le fer de ces féroces et barbares ennemis. » (3).

---

(1) Pougiat, p. 377. — Annuaire de l'Aube 1861. — 1814, Houssaye, p. 51.
(2) Archives de l'Aube, R^{12}, 4425.
(3) Archives de l'Aube, m^3, d^2, 1814, 18. — V. pièces justificatives.

Le nommé Edme Millard, des Noës est « mort des voies de fait des alliés en défendant ses propriétés. » (1).

*
* *

Rien ne coûtait à cette soldatesque pour assouvir ses passions et il n'y a pas de mots assez forts pour juger leur lâche conduite.

Il n'y a pas de village, pas de hameau, pas de ferme qui n'ait à déplorer d'actes révoltants commis sur des femmes de tout âge et de toute condition. Ces hommes ne respectaient ni les enfants ni les vieillards, et le nombre des victimes de leur sadisme est incalculable.

Une demoiselle de Brienne, âgée de quatre-vingts ans fut trouvée morte chez elle à la suite des derniers outrages qu'elle avait subis. Une personne du même âge a éprouvé un sort semblable à Nogent. De nombreuses jeunes femmes et jeunes filles de Mesnil-Sellières servirent, malgré elles, de jouet aux troupes étrangères.

Les enfants ne trouvaient pas même grâce devant ces ignobles individus. Une mère dut à plusieurs reprises arracher une de ses filles à peine âgée de douze ans des mains de ces satyres.

Ces affreux soudarts se jouaient de l'honneur des femmes et apportaient dans l'assouvissement de leurs désirs lubriques, un raffinement de cruauté. Des officiers n'obligèrent-ils pas le curé de Saint-Lyé à tenir les membres de sa domestique sur laquelle ils se livrèrent à des actes obscènes !

Beaucoup de femmes prises de force et déshonorées, préférant la mort à une vie de honte, se suicidèrent.

A Vendeuvre, la femme Ollivier, prenant son corps en horreur, se noya dans la Barse.

Troyes fut particulièrement éprouvé. A la fin de 1814, l'hospice civil recevait en moyenne 58 nouveaux-nés par jour. Les deux tiers au moins avaient une paternité étrangère, ce qui se reconnaissait au physique de ces petites créatures (2), qui portaient l'empreinte de la terreur et de la révolte des malheureuses femmes impuissantes à se soustraire à la caresse infâme qui les brûlait.

---

1) Archives de l'Aube, R^{12}, 4425.
(2) Pougiat, note p. 207.

Combat de Fère-Champenoise (25 mars 1814), par M. Le Blant — Musée de Troyes

**

Le vol, le viol et les sévices de toute nature de bandes ivres sans cesse, n'allaient pas sans l'incendie.

Repues de tout, elles brisaient ce qu'elles n'emportaient pas et en détruisaient les débris par le feu.

Pendant cette sombre année 1814, l'Aube ne fut plus qu'un volcan vomissant des flammes.

Troyes ne leur échappa que grâce à la vigilance de ses habitants. Beaucoup d'autres lieux furent moins heureux. L'incendie de Brienne, commandé par Blücher, coûta à la ville 70 à 80 maisons. Celui de Méry exécuté par le même, obligea la population à se réfugier dans des souterrains couverts de cendres et priva le bourg de plus de 300 habitations. A Nogent le feu exerça ses ravages pendant neuf jours et dévora 150 à 160 édifices, parmi lesquels l'Hôtel de Ville qui garda dans ses décombres une partie des archives de la Préfecture de l'Aube qui y avaient été transportées. 160 à 170 maisons d'Arcis disparurent. Les environs de Troyes furent particulièrement frappés. Mesnil-Sellières perdit 107 batiments; Saint-Parres-les-Tertres 24. Aucun village n'eut pas à déplorer la perte de moins de 5 ou 6 chaumières.

Les habitants assistaient impuissants à leur ruine, leurs féroces vainqueurs coupant les cordes des puits et cachant les seaux, dans le but d'enlever aux vaincus le moyen de sauver leur bien.

Les châteaux n'échappaient ni au pillage ni à la destruction; au contraire, leur dévastation et leur incendie faisaient l'objet des recommandations des officiers. Conformément à ces ordres, il ne resta du château de Pont-sur-Seine, appartenant à la mère de l'Empereur et de celui de la Chapelle-Godefroy, que des ruines fumantes. (1).

**

Malgré les prescriptions préfectorales (2) les morts restaient sur le sol sans sépulture depuis le début de la campagne. Les payans, accablés, sans énergie, n'avaient pas la force d'obéir aux injonctions de l'administration supérieure, ni la volonté d'enterrer les débris humains et les carcasses des chevaux morts. Il se dégageait de ces charniers une odeur infecte qui détermina des maladies contagieuses dont beaucoup périrent.

Vendeuvre a perdu un quart de sa population, en raison de l'air pestilentiel qu'on y respirait. De même Lusigny, Montiéramey, Magny-Fouchard, où l'autorité désespérée a négligé d'enfouir les cadavres et les chevaux gisant sur la terre.

---

(1) Cf. Pougiat, passim.
(2) Arrêté préfectoral du 19 Avril 1814.

L'importance des combats de Bar-sur-Aube accumula les cadavres dont la putréfaction occasionna le décès d'une partie de sa population. Sans les mesures énergiques prises par le Commissaire chargé de l'exécution de l'arrêté préfectoral du 19 avril 1814, tout serait peut-être mort. Les hommes employés à recouvrir de terre les cadavres et les carcasses d'animaux fuyaient après une heure ou deux de travail, tant il était difficile de résister à l'odeur insupportable dégagée par des corps en décomposition.

Les habitants jetaient les cadavres à l'eau pour s'éviter la peine de les enterrer. A Fontaine huit cents ennemis eurent ainsi le lit de l'Aube pour sépulture; il en fut de même à Rosnay et dans presque tous les pays situés au bord des rivières. Le département et l'arrondissement de Bar-sur-Aube, en particulier, offraient aux regards le spectacle épouvantable de tibias et de crânes entremêlés de carcasses de chevaux, exécutant une danse macabre au milieu des skakos et des colbacks.

Quelques maires de village prirent cependant les mesures nécessitées par la situation; notamment ceux de Dienville, de Brienne-le-Château, de la Rothière, du Petit-Mesnil. Par leurs soins, au moins 6.000 cadavres, tant français qu'étrangers, dormirent leur dernier sommeil dans plusieurs fosses si convenablement couvertes de terre et si souvent rechargées que pas la moindre émanation ne s'en échappa (1).

A Troyes, malgré de très sages mesures: enlèvement des boues et des fumiers, curage des puits, visite des bestiaux et des viandes de boucherie, emploi des fumigations, prescrites par le Maire M. Payn (2), les décès atteignirent dans la seule année 1814, un tel chiffre (3) qu'un vaste terrain appartenant aux hospices, situé près du pont de Saint-Parres-aux-Tertres, suppléa aux cimetières encombrés, et servit de champ de repos à des cadavres que l'on y conduisait par tombereaux.

*
* *

Trois mois d'une rude campagne avaient suffi aux Champenois pour connaître tous les malheurs et ressentir toutes les douleurs qu'entraîne une invasion de 500,000 hommes.

5.270 maisons furent détruites dans le département de l'Aube par l'incendie; le huitième et plus de la population périt de misère; la totalité du bétail disparut et la plus grande partie des

---

(1) Archives de l'Aube, R 2, 1814, affaires militaires 14 (Rapport du Commissaire de Police Girardon à M. le Préfet Dupleix de Mézy.

(2) Archives de l'Aube, R 2 1814, affaires militaires 14 (Le Maire à M. le Préfet) 24 Mai 1814.

(3) Au 1er Juillet 1814, 2.195 ; au 31 Décembre, 3.538 à Troyes.

terres resta toute l'année sans culture faute de chevaux, d'instruments aratoires et de semences à leur confier. (1).

Après cette épouvantable catastrophe, des milliers d'habitants sont restés dans le dénuement le plus absolu : pour tout bien, ils n'avaient que leurs yeux pour pleurer leur détresse et leurs bras pour relever leurs chaumières; pour toute consolation, que celle de maudire la guerre avec les désastres qu'elle cause, les ruines qu'elle amoncelle, les calamités qui en découlent et les sentiments affreux qu'elle révèle; et pour tout espoir celui de ne jamais revivre de pareilles heures et de semblables jours.

Souhaitons que les gouvernements d'aujourd'hui et de demain, inspirés par les intérêtst supérieurs des peuples, et dirigés par une opinion publique toujours plus consciente et plus forte, reculent, désormais, devant les sombres horreurs de la guerre, qui entravent le progrès social, et songent qu'après la trêve de Dieu et la quarantaine le Roi, il y doit y avoir la Trêve de l'Humanité.

Ch. ARPIN.
Troyes, le 30 septembre 1908.

PIÈCES JUSTIFICATIVES

I

L'arrondissement de Bar-sur-Seine est composé de 5 cantons dont les pertes pendant la guerre ont été plus ou moins grandes.

Canton de Bar-sur-Seine

22 communes ont été depuis le 22 janvier alternativement épuisées par les réquisitions fréquentes et par des logements nombreux. Plusieurs ont éprouvé des incendies considérables. Toutes ont perdu la totalité de leurs fourrages orge et avoine. Quelques-unes n'ont rien conservé de leurs bestiaux dont la perte en général peut être portée aux 9/10. Spoliation de beaucoup d'objets mobiliers renfermés dans les habitations.

Canton de Chaovrce

Les 26 communes dont il est formé n'ont pas toujours eu des troupes à loger mais elles ont été sans cesse frappées de réquisitions en grains, fourrages, légumes et bétail, en sorte que les res-

---

(1) Pougiat, passim.

sources du plus grand nombre entre elles sont totalement épuisées et que les autres n'en offrent plus que de très faibles en froment et en bétail.

Canton d'Essoyes

Ce canton qui renferme 21 communes est moins productif en grains qu'en vin. Sa partie nord généralement agricole et qui présentait en grains et en bestiaux est celle qui a le plus souffert par le voisinage des routes de Bar-sur-Seine et Bar-sur-Aube entre lesquelles elle se trouve enclavée. Les chemins de communication entre ces deux routes ont été continuellement couverts de troupes pendant près de trois mois. D'ailleurs toutes les autres parties du canton d'Essoyes ont été traversées dans différentes directions. Les Français qui y ont opéré leur retraite, au commencement de mars, y avaient concentré un corps d'armée pendant plusieurs jours.

Il a fourni beaucoup de réquisitions et les troupes russes en cantonnement et en passage y ont fait une énorme consommation d'eau-de-vie.

Plusieurs communes outre beaucoup d'objets mobiliers ont perdu les 7/8 de leurs bestiaux et chevaux. Quelques autres en ont conservé le 1/3; un assez grand nombre d'habitations est devenu la proie des flammes.

Canton de Mussy

Cette partie sud du département de l'Aube a été extraordinairement fatiguée par le passage continuel des troupes alliées, même par des cantonnements. Les 8 communes qui composent ce canton se trouvent sur la route de Bar-sur-Seine à Châtillon ou en sont à une très petite distance. Elles ont toutes éprouvé de grandes pertes en bestiaux: il ne leur reste ni orge ni avoine ni fourrages. La consommation de vin et d'eau-de-vie y a été bien considérable ; le pillage partiel y a eu lieu comme sur beaucoup d'autres points de l'arrondissement. Dans une commune un moulin a été incendié, dans une autre 11 maisons ont éprouvé le même sort.

Canton des Riceys

Moins fatigué que les cantons de Bar-sur-Seine, Essoyes et Mussy, celui de Ricey n'en a pas moins logé beaucoup de troupes à différentes époques, surtout en cavalerie qui n'a rien laissé pour la nourriture des chevaux et du bétail. Des corps Wurtembergeois y ont consommé dans les derniers temps. La perte des bestiaux y est des deux tiers.

Aucun incendie ne s'est manifesté dans les 8 communes de ce canton.

Fait à Bar-sur-Seine, le 25 may 1814.

Le Sous-Préfet provisoire du 5e arrondissement,
PERNY.

Archives de l'Aube, R 2 1814, affaires militaires 14. (Rapport du Sous-Préfet en conformité d'une circulaire préfectorale du 18 Mars 1814).

II

M.

Le Maire de la commune d'Etourvy a l'honneur de vous observer M. qu'il n'existe à Etourvy que 57 arpents de prés dont la plupart sont très secs ainsi qu'on est à même de le justifier par les états de section; que la commune est composée de 160 habitants dont 23 seulement sont cultivateurs et le reste vignerons et manœuvres; que le sol agricole de la commune d'Etourvy est très ingrat que néanmoins la commune d'Etourvy a fourni : 1° par un *réquisitoire* (sic) du 29 janvier dernier pour la ville de Bar-sur-Seine : 1° 400 bottes de foin; 2° 150 boisseaux d'avoine; 3° 2 bœufs.

2° Par un autre réquisitoire du commandant de la place de Chaource en date du 1er février dernier : 1° 50 boisseaux d'avoine; 2° 200 bottes de foin; 3° 80 bottes de paille; 4° 1 corde de bois; 5° 4 muids de vin; 6° 2 feuillettes d'eau-de-vie; 7° 4 vaches; 8° 20 livres de lard.

3° Par un autre réquisitoire du même commandant de la place de Chaource en date du 4 février dernier : 1° 50 boisseaux de farine; 2° 100 boisseaux d'avoine; 3° 200 bottes de foin; 4° 80 bottes de paille; 5° 4 muids de vin; 6° 3 vaches; 7° 20 livres de lard.

4° Par un autre réquisitoire du 5 février aussi dernier, du commandant de la place de Chaource : 1° 100 boisseaux d'avoine; 2° 2 feuillettes de vin; 3° 10 feuillettes d'eau-de-vie.

5° Par un autre réquisitoire du même commandant de Chaource qui est sans date et qui a été reçu le 8 février: 1° 50 boisseaux de farine ; 2° 50 boisseaux d'avoine ; 3° 100 bottes de foin ; 4° 80 bottes de paille ; 5° 4 muids de vin ; 6° 8 vaches; 7° 30 livres de lard.

— 32 —

6° Par un autre réquisitoire du maire de Chaource en date du 10 février dernier: 1° 25 boisseaux de farine; 2° 50 boisseaux d'avoine; 3° 50 bottes de foin; 4° 40 bottes de paille.

7° Par un autre réquisitoire du commandant de la place de Bar-sur-Seine en date du 15 présent mois : 1° 100 bottes de paille; 2° 400 bottes de foin; 3° 200 boisseaux d'avoine; 4° 100 boisseaux de blé; 5° 400 livres de pain; 6° 4 vaches.

Ce qui fait en totalité 1.650 bottes de foin, 700 boisseaux d'avoine, 225 boisseaux de blé et farine, 380 bottes de paille, 20 feuillettes de vin, 3 feuillettes d'eau-de-vie, 16 vaches, 400 livres de pain, 80 livres de lard et une corde de bois.

Mais la plus forte réquisition de toutes, est celle qui lorsque le régiment des dragons de la garde impériale Russe, a cantonné en cette commune du six au sept du courant mois, au nombre de 1.350 chevaux et autant d'hommes et sans y comprendre les domestiques des officiers et leurs chevaux de main, a fait à Etourvy une consommation de plus de 2.000 boisseaux tant en orge qu'avoine avec ce qu'ils ont emporté en outre de foin, de paille, et même de blé sans être battus, qu'ils ont pris chez plusieurs particuliers pour faire de la litière à leurs chevaux; cela se conçoit facilement et je crois inutile d'entreprendre de calculer la consommation que les hommes ont faite tant ce qu'ils ont mangé, perdu et emporté, car elle n'est pas calculable; tout ce que j'ai l'honneur de représenter sera prouvé par les différents réquisitoires dont il est question et le certificat du général qui commandait la troupe. Je laisse à juger si une commune qui ne recueille même pas pour nourrir ses habitants et encore bien moins pour nourrir les bestiaux nécessaires à son agriculture, car on conçoit bien que 57 arpents de pré ne peuvent fournir du foin assez même pour ce que la commune a donné et ce qui a été consommé. La commune a tout lieu d'espérer d'après les observations que j'ai l'honneur de faire qui sont appuyées de preuves convaincantes qu'on lui rendra justice.

A Etourvy, le 19 février 1814.

Archives de l'Aube, R² 1814, affaires militaires 14.

III

Coussegrey, ce 12 mai 1814.

J'ai l'honneur de vous annoncer que j'envoie dans les magasins établis à Troyes, les denrées ci-après désignées :

1° foin, 260 bottes, poids de 10 livres; 2° paille de froment, d'orge et d'avoine, 450 bottes, poids de 10 livres; 3° avoine et orge, 100 boisseaux.

C'est tout ce que nous avons pu rassembler. M. le commissaire et moi qui avons fait des visites domiciliaires pour la réquisition faite sur cette commune, laquelle commune a souffert considérablement depuis 3 mois et demi par le passage et le séjour continuel de troupes alliées et les réquisitions de toute espèce.

M. le commissaire peut vous assurer que dans le cas où il viendrait a être frappé d'une nouvelle réquisition, il ne pourrait plus rien fournir, sans s'exposer à manquer de tout: nos chevaux ne mangent plus que de la paille et se passent d'avoine. Je vous supplie d'avoir égard à notre misère.

Je vous prie, M., de faire envoyer de suite nos chevaux desquels nous avons très besoin tant pour la culture de nos terres, que pour aider des communes voisines qui manquent de chevaux à conduire leurs réquisitions.

Je suis, avec respect, Monsieur,

Le Maire,

GUENIOT.

NOTA. — La réquisition de Coussegrey était de : 400 bottes de foin; 200 bottes de paille de froment ou de seigle; 200 bottes de paille d'avoine ou d'orge; 100 boisseaux d'avoine ou d'orge.

Archives de l'Aube, R 2 1814, affaires militaires 15.

IV

A Monsieur le Préfet de l'Aube,

Monsieur,

Au moment où les Français sont pénétrés de la joie la plus vive, en voyant le successeur de leurs anciens rois, le frère du vertueux Louis seize, remonter sur le trône de ses aïeux, nous bénissons aussi la providence de ce retour à un ordre de chose, qui a fait pendant quatorze cents ans le bonheur de la France. Dès que cette nouvelle nous est parvenue, nous y avons applaudi avec transport; et le conseil municipal de Rumilly, en exprimant ses sentiments à cet égard, a été l'interprète de ceux de tous les soussignés. (Délibération du 21 avril 1814). Sa Majesté Louis dix-huit, après vingt années d'éloignement, reparaît au milieu de son peuple, comme un père qui revoit ses enfants dont il a été longtemps séparé. Quelle communication mutuelle et empressée de témoignages de bonté et d'affection d'une part, et de l'autre de protestations de respect filial, d'un dévouement entier et sans bornes! Quel besoin pour des enfants qui ont été si malheureux pendant l'absence de leur père, de lui peindre toute l'horreur de leur situation depuis cette séparation cruelle, et de lui exprimer tout ce qu'ils attendent de bonheur et de félicité de sa seule présence. Nous laissons là cette partie de nos malheurs qui nous est commune avec le reste de la France !

Mais quoique Rumilly soit une si faible portion du royaume de sa Majesté, ses regards paternels, semblables aux rayons bienfaisants de l'astre du jour, s'étendront jusqu'à nous; et son cœur sera ému douloureusement à la peinture des maux dont la dernière guerre nous a accablés. Veuillez donc bien, Monsieur, mettre le tableau de notre infortune sous les yeux de sa Majesté, et être en même temps l'interprète des sentiments de fidélité inviolable que nous lui avons voués pour jamais.

Les troupes françaises et alliées ont traversé cent fois notre commune et y ont séjourné souvent en nombre considérable. Nous avons vu en plus d'une occasion dix mille et quinze mille hommes réunis, bivouaquer dans notre malheureux village. Depuis le 24 janvier jusqu'à Pâques, il n'est peut-être pas un jour, où nous n'ayons eu des soldats de l'une des deux armées. Tous les grains et les fourrages étaient encore dans les granges ou dans les greniers; et aucun de nous n'avait pu ni payer en nature ce qu'il devait, ni vendre pour remplir les engagements que les cultivateurs ont coutume d'acquitter à l'époque même où les grands mouvements opérés de part et d'autre ont tout paralysé. Ainsi notre ruine est entière. Dans une paroisse qui contient 192 feux, nous avons recueilli les états détaillés de la perte de 71 habitants. Persuadés que cette perte était assez considérable pour n'avoir pas besoin d'être grossie, nous avons évité avec scrupule la plus petite exagération. Cependant la somme de ces états, qui sont déjà déposés chez Monsieur le Maire, monte à 143.321 francs. En ne portant qu'à 500 francs l'un dans l'autre, la perte des 120 ménages qui restent, (et un seul propriétaire absent y serait compris pour plus de 6.000 francs, la perte totale de Rumilly s'élèverait à plus de 200.000 francs. Dans ces états que nous avons sous les yeux, on trouve 2.194 boisseaux de froment mangés ou enlevés, 1.183 boisseaux d'orge ou de seigle, 10.642 boisseaux d'avoine, dont la récolte avait été cette année extraordinairement abondante, 41.525 bottes de foin, 207 muids de vin et 128 muids de cidre. Beaucoup d'entre nous ont perdu la totalité de leur mobilier, presque tous la plus grande partie de leurs effets.

Mais une perte plus cruelle encore nous distingue surtout des autres lieux qui ont été accablés de passages, et met le comble à nos malheurs. Une terrible épizootie a enlevé toutes les bêtes à corne qui avaient échappé à l'avidité du soldat. Il n'y a pas maintenant 20 têtes de bétail dans une commune, qui au 22 janvier, en comptait peut-être 400; et la funeste maladie continuant toujours ses ravages, il est vraisemblable que dans huit jours, il n'en restera pas une seule. Presque tous les laboureurs de Rumilly cultivaient avec les bœufs, à raison de la facilité des pâturages. Mais privés déjà en partie de la ressource des compagnons de leurs travaux, ils n'ont pû achever la semaille de mars, ils ne pourront plus cultiver à l'avenir qu'une portion très petite de notre territoire. Aussi les fermiers désolés demandent la résiliation de leurs baux.

Les engrais sans lesquels il n'y a point d'agriculture vont manquer totalement. La fidèle nourriture du pauvre, la vache qui fait en même temps la richesse du métayer et du propriétaire aisé de la campagne, ne payera plus son tribut accoutumé, tribut qui, avec celui de la poule, remplissait chaque semaine la main du cultivateur ou de sa compagne dans les marchés de la ville voisine. Un des aïeux de sa Majesté dont la mémoire sera toujours chère aux Français, voulait que tous les dimanches la poule parut sur nos tables champêtres. Mais nous ne voyons plus de volailles et l'herbe croît partout dans nos cours désertes. Les mouches à miel, autre source de fortune pour le cultivateur des environs des bois, sont détruites presque entièrement. En un mot, il ne nous reste plus rien à vendre; et il nous faut tout acheter, même des grains pour subsister jusqu'à la moisson.

Dans une si triste situation et après avoir éprouvé une perte si immense, nous ne réclamerions pas vainement en des temps ordinaires l'assistance d'un bon prince. Nous ne demandons pas cependant des secours à sa Majesté. Nous savons trop que si nous sommes certainement des plus infortunés, nous ne sommes pas les seuls malheureux. Nous supplions seulement sa Majesté de vouloir bien ne pas exiger de nous ce que nous ne pourrions faire en ce moment, de diminuer en tout ou au moins en partie les impositions de notre commune. et surtout de nous donner les délais nécessaires pour acquitter la petite portion dont il croira ne pouvoir nous décharger entièrement. Nos vies et nos fortunes sont à lui ; mais tout notre bien consiste maintenant dans une chaumière nécessaire à notre existence, inutile à sa Majesté, et quelques terres que nous arroserons comme nous pourrons de nos sueurs. afin de lui en présenter les fruits une autre année.

Daignez, Monsieur, nous vous en prions de nouveau. offrir nos hommages à ce prince. en qui nous espérons voir revivre la piété éclairée de Saint-Louis, la prudence de Charles cinq, la bonté de Louis douze et d'Henri quatre. et toutes les vertus de Louis seize.

Agréez en particulier l'assurance de notre vive reconnaissance pour la manière dont vous avez administré le département dans ces temps orageux et daignez croire aux sentiments respectueux.

De vos très humbles et très obéissants serviteurs: Le maire, Marie Recoing Chorpy, Jm. Recoing, Minet, Debure, Edme Gaudret, Pinet, Théroinne Jean, Xavier, Deheurles, Tunin, C. Juvenelle, Penard, Cheurlin, desservant de R., Vuibert, Rousselot, V. Bourotte, C. Guillemard, Pinet, Vuibert Martin cadet, E. Rousselot, F. Lorez, F. Duaine, Edme Garnerin.

<small>Archives de l'Aube, m³, d², 1814-1815. Lettre d'adhésion au Gouvernement de Louis XVIII.</small>

V

Vaudes, 20 février 1814.

Monsieur.

Nous sommes disposés à satisfaire aux réquisitions qui nous regardent, toutes difficiles qu'elles nous paraissent à remplir. Vaudes est un lieu pauvre où il croît peu de froment; il a été écrasé d'abord par les réquisitions de Saint-Parres. Les troupes y ont abondé jusqu'à 3.000 hommes en une nuit. Mardi dernier une troupe a fait battre les grains, moudre et a enlevé deux chariots de farine en partant. On est épuisé et si il passe encore quelque détachement le pain manquera et le village sera sur le point d'être saccagé et brûlé. Comment nourrir à présent les soldats qui peuvent venir par la suite et le peuple de Vaudes?

Vous voyez, Monsieur, notre cruelle position. Daignez faire valoir nos justes représentations. Faites votre possible pour nous obtenir une diminution de la charge qu'on nous impose et le temps qui conviendra pour battre les grains, moudre et faire conduire à Troyes ce qu'on exige de nous...

J'ai l'honneur d'être avec une parfaite considération.

De CHAMPEAUX.
Maire.

Au secrétaire général de la Préfecture,

<small>Archives de l'Aube, R² 1814, affaires militaires 14.</small>

VI

Extrait d'une lettre de M. Ruotte, notaire et maire de Bligny:

A monsieur le Préfet de l'Aube pour s'excuser de ne pouvoir assister au Champ-de-Mars, du 26 mai 1815.

« J'ai été ruiné par la guerre d'invasion; ma maison a été entièrement pillée; tout ce qui était caché comme ce qui était resté en évidence a été la proie du pillage et de la dévastation. Mes fonctions de maire m'ont plusieurs fois exposé à la mort. Je me suis trouvé dans les plus malheureuses positions. Je citerais en autres les 1er, 13, 14 février, 24 mars et 19 avril, où j'ai failli périr sous le feu et le fer de ces féroces et barbares ennemis. Au 1er avril, je n'avais pour vêtement que ce que je portais sur mon corps, de véritables haillons; ma femme, mon fils et une petite fille de même.

Mes fermiers, aussi ruinés, ont abandonné alors mes terres et j'ai été obligé de faire des avances avec emprunts pour en remonter d'autres. N'ayant pû rien recevoir en loyer ni *canons* (1) de mes petites propriétés, je ne peux payer facilement mes contributions qui ont été considérablement augmentées. Mon notariat dans ce canton ruiné est nul et si je fais quelques actes, je suis obligé d'avancer les droits d'enregistrement. »

Archives de l'Aube, m³, d², 1814-1815.

VII

Troyes, le 24 may 1814.

Le maire de la Ville de Troyes à M. le Préfet du département de l'Aube:

Monsieur le Préfet,

L'accueil plein de bonté que vous avez fait aux autorités constituées et fonctionnaires publics, a singulièrement flatté les habitants de cette ville; et la circulaire que vous m'avez adressée leur fait tout espérer de la sagesse de votre administration.

Peu de jours se sont écoulés depuis votre arrivée à Troyes, et déjà vous pouvez juger qu'il n'y a pas de pays en France qui ait autant souffert que le département de l'Aube, ni de ville importante qui ait été aussi maltraitée que celle de Troyes.

Je n'entreprends pas de vous donner aujourd'hui le détail des désastres et des pertes qu'elle a éprouvées, je me propose seulement de vous entretenir de l'insalubrité de l'air et de l'effrayante mortalité qui s'est manifestée dans toute l'étendue du département par l'effet de la guerre. Plusieurs causes provenant de ce terrible fléau se réunissent pour dépeupler les villes et les campagnes.

---

(1) Canon : Ancien terme de palais. — Canon emphytéotique, revenu annuel que devait celui qui avait pris un héritage à bail emphytéotique. (Littré-Dictionnaire).

1° Un très grand nombre de soldats et de chevaux tués lors des combats livrés sur différents points, au pourtour de Troyes, et depuis cette ville jusqu'aux extrémités du département, sont restés le long des routes et sur les champs de bataille longtemps avant d'être enterrés. Les habitants des campagnes n'ont point exécuté les ordres que la préfecture leur a donnés d'enterrer tous les cadavres à une profondeur convenable; ils se contentèrent de jeter sur une partie seulement un peu de terre qui a été promptement détournée par le dégel, les pluies et par les animaux voraces. Tous les voyageurs peuvent, M. le Préfet, vous attester que les cadavres sont entièrement découverts et produisent la plus grande infection.

2° L'eau de la plupart des puits et des rivières est très malsaine, parce que l'on a jeté dans ceux-là des chaudrons, des ustensiles de cuivre et autres objets pour les soustraire au pillage; et dans les rivières un nombre considérable de cadavres.

3° Il n'y a pas une commune, pas une maison, pas une écurie ou autres qui n'ayant été encombrée de soldats et chevaux qui pendant leur long séjour, ont occasionné une quantité prodigieuse de fumier, de boues et d'immondices que pour leur malheur les habitants négligent d'enlever et de transporter au loin.

4° Depuis plus de deux mois, une épizootie terrible exerce ses ravages parmi les bestiaux. Cependant, la plupart des bouchers n'ont pas craint de vendre et débiter la viande provenant de bœufs, vaches et autres bestiaux atteints de la maladie qui en fait périr un si grand nombre.

Ainsi les aliments, l'air, l'eau, par leur extrême insalubrité concourent également à produire les maladies qui entraînent au tombeau une immensité d'habitants.

M. le Préfet, aussitôt qu'il m'a été possible de m'occuper des intérêts de la santé de mes concitoyens, je l'ai fait.

Les rues de la ville étaient encombrées de boues et de fumiers qui ont été enlevés; et à mesure que les habitants peuvent se procurer des chevaux et des voitures, ils font enlever les fumiers amoncelés dans leurs cours.

J'ai soumis à votre approbation un arrêté qui prescrit la visite des bestiaux et des viandes de boucherie.

En même temps, j'ai ordonné le curage de tous les puits publics de la ville et l'on y procède. Je vais recommander aux habitants de curer leurs puits particuliers.

Je fais surveiller en ce qui concerne le service des inhumations qui est très négligé dans les communes où la mortalité règne comme dans la ville. Enfin je fais faire imprimer un avis pour engager les habitans à employer les fumigations et les procédés indiqués par les médecins pour purifier l'air dans l'intérieur de leurs maisons et au dehors.

Mais ce sera en vain que l'on fera usage, ici, de tous les moyens sanitaires, si les habitants de campagnes s'abstiennent d'y recourir; le mal subsistera et suivant les médecins, il deviendra plus grand à l'époque des chaleurs et surtout en automne.

Telles sont, M. le Préfet, les réflexions que je prends la liberté de vous faire sur les fléaux qui affligent l'humanité; votre sagesse vous suggèrera les moyens d'y remédier; mais je crois vous assurer que les habitants des campagnes n'exécuteront point les mesures que vous prescrivez à cet effet, si vous n'envoyez pas les commissaires accompagnés de gendarmerie pour contraindre les habitants à enterrer profondément les cadavres et charognes que l'on aperçoit de tous côtés, pour les contraindre de même à retirer et enfouir ceux qui existent dans les rivières; à enlever les boues et fumiers qui encombrent les rues des villes, bourgs et villages où les troupes ont séjourné; à curer les puits dans lesquels on a caché des objets qui ont corrompu l'eau; à faire creuser les fosses destinées pour les inhumations à la profondeur prescrite par les lois.

Enfin, pour les contraindre à exécuter tout ce qui leur serait si avantageux de faire dans les circonstances critiques où nous nous trouvons.

J'ai l'honneur de vous saluer avec respect,

PAYN.

Le 25 mai, le Préfet répond que le gouvernement a envoyé des commissaires dans ce pays et que le préfet vient de tracer la route de celui désigné pour l'Aube.

VIII

Rapport fait par Claude Girardon, commissaire de police à Troïes, délégué par M. Dupleix de Mézy, Préfet du département de l'Aube par son arrêté du 25 may dernier pour surveiller l'exécution de celui du 19 avril dernier, concernant l'inhumation des cadavres, etc.

Monsieur le Préfet,

J'ai reçu votre arrêté le 27 may dernier et je me suis occupé de suite de satisfaire à ses dispositions. J'ai d'abord visité et fait recharger environ quinze à vingt cadavres dans les faux bourgs et finage de Troyes, et une quantité beaucoup plus considérable de carcasses de chevaux, qui, malgré qu'ils fussent enfouis selon les désirs de votre arrêté, avaient été en partie découverts par les pluies et laissaient échapper une odeur qui pouvait nuire à la société.

Je me suis transporté sur les routes qui aboutissent à Troyes dans le rayon de quatre lieues. Partout on avait enfoui les cadavres et carcasses de chevaux et autres animaux, à l'exception cependant des communes de Torvilliers, où étaient sur les routes cinq carcasses de chevaux, à Messon, quatre et un bœuf, qui infectaient et qui ont été enfouis les 29 et 30 may dernier. Sur cette route jusqu'à Estissac, tout était enfoui, mais si mal recouvert que j'ai été obligé de faire recharger de terre plus de 50 carcasses de chevaux.

Sur la route de Paris tout était enfoui, mais également à découvert par le défaut de précautions de n'avoir pas assez chargé de terre, et les cadavres et les chevaux.

Sur la route d'Arcis, tout était enfoui, mais j'ai été obligé de faire recharger.

Sur la route de Troyes à Lusigny, j'ai fait recharger plus de 15 à 20 cadavres qui étaient à peine couverts de 6 pouces de terre et au moins 50 carcasses de chevaux qui infectaient l'air, à un tel point qu'il était impossible de passer sur cette route sans être constamment infecté par la mauvaise odeur que les cadavres et carcasses répandaient.

J'ai visité toutes les communes qui se rapprochent le plus des routes et où les armées ont séjourné et où se sont livrés quelques combats; j'ai mis le plus grand soin à remplir les vues de votre arrêté.

J'ai pensé que les routes qui aboutissent à Troyes et les villages qui l'environnent qui ont été le théâtre de la guerre étant visités, il était important que je me transporte de suite dans l'arrondissement de Bar-sur-Aube où la plus grande partie des communes a supporté le fléau de la guerre et toutes les horreurs qu'elle entraîne avec elle.

Lusigny a été horriblement maltraité par les armées; aussi le désespoir de l'autorité et de ses concitoyens leur a fait négliger d'enfouir une quantité considérable de chevaux qui infectaient l'air, et ont produit sur une grande quantité d'habitants de cette commune une maladie contagieuse qui en a fait mourir une grande quantité.

Montiéramey n'a pas moins souffert et l'autorité a négligé de faire enfouir les cadavres et carcasses, ce qui a produit le même résultat.

La Villeneuve n'a pas été moins négligente à faire enfouir six cadavres et environ trente carcasses de chevaux sur lesquels on s'est contenté de jeter environ six pouces de terre sans les avoir fait enfouir; j'ai fait recharger le tout; une grande quantité de paysannes ont succombé du mauvais air qu'elles respiraient et il en meurt encore assez fréquemment.

La commune de Vendeuvre a été on ne peut plus maltraitée par la présence des armées. M. le maire de cette commune a été obligé d'abandonner son poste en raison des mauvais traitements qu'il a éprouvés de la part des armées alliées, et par suite a succombé. M. son adjoint, dont les moyens et l'énergie ont été paralysés ayant éprouvé également des mauvais traitements a négligé de faire inhumer et de faire enfouir les carcasses d'animaux au point que cette malheureuse commune a à ajouter aux malheurs de la guerre la perte d'un quart de sa population, en raison de l'air pestilentiel qu'on y respirait; les rues étaient enocmbrées de fumier, remplis de débris d'animaux qui ont empoisonné l'air et donné la mort à tant de personnes de tout âge; je me suis rendu à trois reprises différentes chez Monsieur l'adjoint, pour l'engager de faire recharger de terre les carcasses d'animaux qui empoisonnent l'air, il m'a constamment promis et n'a rien fait. J'ai fait ce que l'arrêté me prescrit lorsque l'autorité d'une commune ne me seconde pas, je ne puis que m'en plaindre et en rendre compte à l'autorité supérieure.

La commune de Magny-Fouchard a fait inhumer quarante cadavres et environ cent chevaux, bœufs et vaches; ils n'étaient pas recouverts de plus de 6 pouces de terre; ils ont éprouvé le même sort qu'à Vendeuvre par leur coupable négligence.

La commune de Spoix avait oublié de faire inhumer un cadavre et trois carcasses de chevaux que j'ai fait enfouir; il a été inhumé 12 cadavres ennemis morts par suite de leurs blessures et quinze chevaux.

La commune de Fravaux a fait inhumer quatre cadavres ennemis morts des suites de leurs blessures et deux carcasses de chevaux que j'ai fait recharger.

A Bar-sur-Aube, le 6 juin, après avoir visité une portion du finage, je me suis rendu chez M. le sous-préfet, auquel j'ai fait part de la quantité prodigieuse et de cadavres et de carcasses et de débris d'animaux qui entouraient la ville et en infectaient l'air, et des moyens qu'il fallait employer de suite pour arrêter la contagion qui désolait ce pays. Il eut peine à croire le rapport que je lui fis, il convint d'avoir été trompé et avoir donné avis à M. le Préfet que tout était fait dans son arrondissement; il n'eut pas de peine à se convaincre du contraire en sortant à une portée de fusil de la ville. Je me rendis le même jour chez M. le Maire qu'une maladie assez grave avait retenu chez lui; étant occupé de son administration et ne pouvant pas voir tout par lui-même, il fut forcé de confier les inhumations à des commissaires qui n'avaient pas l'énergie et le zèle qu'il convient d'apporter en pareil circonstance et qui ne calculèrent pas les suites fâcheuses de leur négligence à remplir une mission qui intéressait aussi essentiellement la société. M. le Maire me donna quelques ouvriers qui n'étaient point en assez grand nombre pour mettre promptement fin à une opération si importante, que je surveillai bien exactement. Je fus obligé d'avoir recours à M. le sous-préfet qui mit en réquisitions des habitants des communes voisines qui la plupart fuyaient après une heure ou deux de travail. J'étais obligé de les rallier avec beaucoup de ménagement. Je leur faisais sentir combien il était important pour eux-mêmes et toute la société d'arrêter la contagion qui désolait ces contrées.

A la vérité, il fallait faire de grands efforts sur soi-même pour y tenir; le fait est que sur la côte d'Ailleville, au nord de la route, au moins quarante cadavres d'hommes et de deux vivandières, n'avaient point été inhumés; ajouter à cela au moins cent carcasses de chevaux; l'air était tellement infecté, que les vignerons avaient abandonné la culture de leurs vignes. J'ai fait inhumer sur cette côte au moins 40 cadavres, enfoui cent chevaux, et ai fait recharger de terre sur le bord du bois, au moins trois cents cadavres dont la plus grande partie était à découvert, et plus de cent chevaux.

J'ai fait recharger de terre à Bar-sur-Aube, au moins 400 cadavres et au moins 50 chevaux. Cette commune a perdu près d'un quart de sa population et sans les mesures salutaires de M. le Préfet pour mettre à exécution son arrêté, tout serait peut-être mort; aussi je suis l'organe des citoyens qui vous vouent des remerciements et vous ont l'obligation d'exister encore.

La commune d'Ailleville serait totalement abandonnée sans le château qui offre une retraite à 22 ménages qui restent intacts sur 72. Cette commune offre un spectacle épouvantable; c'est moins le feu que la destruction qui ont fait le tableau si affligeant.

La commune de Lignol, la dernière au levant du département, est la seule où la négligence et l'apathie ont été les plus marquées; à la vérité elle est absolument ravagée; les habitants dépouillés de ce qu'ils avaient, furent en partie obligés d'abandonner leur domicile et de se retirer dans des communes moins malheureuses que la leur; il existait sur la route 15 carcasses de chevaux qui n'avaient point été enfouies, que j'ai fait enfouir; il a été inhumé 80 cadavres et deux cents chevaux mais point assez couverts de terre de manière à pouvoir prévenir les exhalaisons pestilentielles. M. le maire a fait une nouvelle réquisition qui est restée sans effet. M. le sous-préfet a pris un arrêté pour contraindre les habitants, qui n'a pas mieux réussi; quatre fois je me suis rendu à Lignol et je n'en ai pu obtenir davantage de M. le Maire qui, abattu par les circonstances où il s'est trouvé, par la privation de son mobilier, a manqué d'énergie et a oublié comme magistrat ce qu'il doit à ses concitoyens et à votre arrêté.

Voigny avait encore sur la route 12 carcasses de chevaux qui n'avaient point été enfouies; jusqu'alors ils en avaient enfoui 16 et trois cadavres; j'ai fait recharger le tout.

Arrentières: j'ai fait recharger de terre 6 cadavres qui avaient été déterrés par un ravin et fait également recharger une quantité assez considérable de chevaux ; il a été inhumé trois à quatre cents Russes et Hongrois à la dernière bataille de Bar-sur-Aube.

Proverville: 3 carcasses de chevaux n'étaient point enterrées; j'en ai fait brûler une qui barrait le chemin du Congot; il a fallu une grande quantité de fagots et de bois; les restes qui avaient échappés aux flammes répandaient une odeur encore plus désagréable; je n'ai pas crû devoir continuer cette opération ou plutôt employer ce moyen très dispendieux pour la société et plus long; j'ai fait recharger les autres.

Fontaine : j'ai fait enfouir huit carcasses de chevaux. M. le Maire de cette commune m'a déclaré qu'il a été inhumé 52 cadavres et qu'il était certain que les ennemis en avaient jeté au moins 800 des leurs dans l'Aube.

Baroville, j'ai fait enfouir deux carcasses et fait recharger beaucoup d'autres qui étaient découverts; il a été inhumé 20 ennemis et enfoui 35 chevaux.

Urville: un seul cheval a été enfoui dans cette commune.

Bergères : deux chevaux ont été enfouis et trois rechargés.

Couvignon : deux chevaux ont été enfouis appartenant à l'ennemi.

Ville-sous-la-Ferté, 6 chevaux ont été enfouis conformément à l'arrêté.

Jauvancourt (Juvancourt) : deux carcasses de chevaux ont été enfouies, conformément à l'arrêté.

Longchamp: un seul cadavre ennemi a été inhumé et fut tué par ses camarades pour avoir mis le feu dans cette commune; 12 chevaux et 6 bœufs ont été enfouis.

Argançon: deux hommes ennemis ont été inhumés à la suite de leurs blessures et un cheval enfoui.

Trannes : un cheval restait à enfouir; il a été inhumé 120 cadavres ennemis et 50 chevaux.

Bossancourt : il a été inhumé 6 cadavres et enfoui 50 chevaux.

Dollancourt: deux chevaux restaient à enfouir, il a été inhumé 40 cadavres et 30 chevaux.

Arsonval : 20 cadavres ennemis ont été inhumés et 20 chevaux enfouis.

Montier-en-Lisle, plusieurs cadavres et carcasses ont été rechargés sans en pouvoir préciser le nombre.

Fresnay : 3 cadavres ont été inhumés et 5 carcasses de chevaux enfouies.

Ville-sur-Terre: il a été inhumé environ 60 cadavres de différentes nations, et enfoui 20 chevaux.

Soulaines: il restait à enfouir une carcasse de cheval. 17 cadavres tant Français qu'ennemis ont été inhumés, 9 carcasses de chevaux et 30 vaches mortes de l'épizootie.

Fuligny: il a été inhumé 3 cadavres et 4 carcasses de chevaux enfouies.

Eclance: 12 cadavres ennemis ont été enfouis et 20 chevaux.

Le Petit-Mesnil et la Giberie: il a été inhumé sur leur territoire, par suite de la bataille qui s'est livrée le 31 janvier dernier 1.400 hommes et enfoui 400 chevaux.

La Rothière: 4 cadavres oubliés ont été inhumés, j'en ai fait recharger plus de 100. 15 chevaux ont été enfouis et au moins un cent rechargés de terre; il est resté sur le champ de bataille du 1ᵉʳ février dernier sur le finage de la Rothière au moins 2.000 hommes ennemis et 500 chevaux; j'ai cru devoir recommander à M. le Maire de faire recharger souvent les fosses en raison de la légèreté de la terre.

Jaucourt: il a été inhumé 12 cadavres et 12 carcasses de chevaux.

Unienville: M. le Maire n'a pû nous assurer ce qu'il a été inhumé d'hommes, ni de carcasses de chevaux, étant par devoir autant que par goût obligé de suivre l'armée comme officier en retraite.

Dienville: cette commune que l'incendie a détruit en partie, a le bonheur d'avoir un maire qui le lendemain de la bataille, a fait inhumer environ deux cents hommes dans une même fosse au midi de l'Aube, qui sont tellement recouverts, qu'il n'en échappe pas la plus légère mauvaise odeur; 60 chevaux ont été enfouis; cette commune a été le théâtre de la guerre. M. le Maire quoique incendié n'a pas perdu de vue ses concitoyens; il n'est pas mort une seule personne de sa commune des suites de la guerre.

Brienne-la-Vieille: il a été inhumé cent cadavres et autant de chevaux lors de la bataille de janvier dernier.

Brienne-le-Château: il a été inhumé après les batailles livrées en cette commune au moins dix-huit cents hommes dans trois fosses qui sont bien chargées de terre; elle est si légère et si sableuse que malgré la précaution de la municipalité de faire recharger souvent les cadavres s'affaissant, il est presque physiquement impossible de se garantir complètement de la mauvaise odeur qui est peu sensible; au nord de la ville une autre quantité de cadavres inhumés dans différents endroits sans en pouvoir préciser le nombre ni celui de la quantité de chevaux enfouis; j'en ai fait recharger beaucoup de chaque côté de la route.

Saint-Léger-sous-Brienne: 15 cadavres d'hommes ont été inhumés et 8 carcasses de chevaux rechargées.

Perthe-en-Rothière: il a été inhumé 2 cadavres ennemis morts des suites de leurs blessures et plusieurs carcasses d'animaux.

Rosnay: ont été inhumé en cette commune soixante cadavres ennemis et très peu de Français à la bataille du 10 février et enfoui 30 chevaux; une assez grande quantité de cadavres ont été jetés à la rivière lors de la bataille; je me suis assuré de ce fait en en parcourant les bords; j'en ai aperçu plusieurs; comme l'eau est stagnante, j'ai cru plus prudent de les laisser dans la rivière plutôt que de les en faire retirer dans la crainte de communiquer un air qui aurait pû être très nuisible à la société.

Lassicourt: 3 cadavres ont été inhumés et environ 20 chevaux, que j'ai fait recharger en partie.

Saint-Christophe : 24 cadavres d'hommes ont été inhumés à la suite de la bataille du 2 février et 30 chevaux; j'ai fait recharger le tout de terre.

Lesmont : M. le Maire de cette commune ayant été obligé de quitter son poste par les vexations inouïes qu'il a éprouvées n'a pu me dire le nombre des cadavres qui ont été inhumés et jetés à l'eau, et le nombre des chevaux enfouis; j'en ai fait recharger de terre plusieurs.

Molins : il a été inhumés un Français, mort des suites de ses blessures; 3 carcasses de chevaux et un bœuf ont été enfouis.

Auzon : il a été inhumé en cette commune sept militaires français, à la suite de la bataille de Brienne; il a été enfoui deux carcasses de chevaux; une quantité assez formidable de bêtes à cornes sont mortes à la suite d'une épizootie et enterrées très avant.

Piney : 15 hommes ont été inhumés par suite de leurs blessures. Environ 25 chevaux ont été enfouis. Beaucoup de bêtes à cornes moururent d'une épizootie qui a régné dans le canton. Elles sont enterrées de manière à ne rien laisser à redouter pour la société.

Rouilly-Sacey : il a été inhumé huit cadavres et environ 25 carcasses de chevaux.

J'ai parcouru les bords de l'Aube et à droite et à gauche; j'ai fait rejeter au courant de l'eau environ 50 cadavres qui en infectaient les bords.

En général, il est mort beaucoup de monde dans toutes les communes que j'ai parcourues, et en général, j'ai remarqué que dans celles où on a négligé de faire enfouir et les cadavres et les carcasses, il en était beaucoup plus mort qu'ailleurs.

J'ai été obligé de faire des contre-visites pour m'assurer, M. le Préfet, si les mesures que vos arrêtés prescrivent avaient été observées, d'après ma première inspection. En général, j'ai vu avec satisfaction la soumission à votre second arrêté. J'ai commencé mes opérations le vingt-sept mai, je les ai terminées le trente juin, ce qui me donne trente-cinq jours d'exercice; je me suis soumis à votre arrêté et je me ferai toujours un devoir d'obéir à vos ordres tel danger qu'il y ait à courir. Je ne désire rien tant que de mériter votre confiance.

J'ai l'honneur d'être avec un profond respect, M. le Préfet.

Votre très obéissant serviteur,

GIRARDON.

Archives de l'Aube, R² 1814, affaires militaires 14.

Extrait de l'*Almanach du " Petit Troyen "*

Année 1910

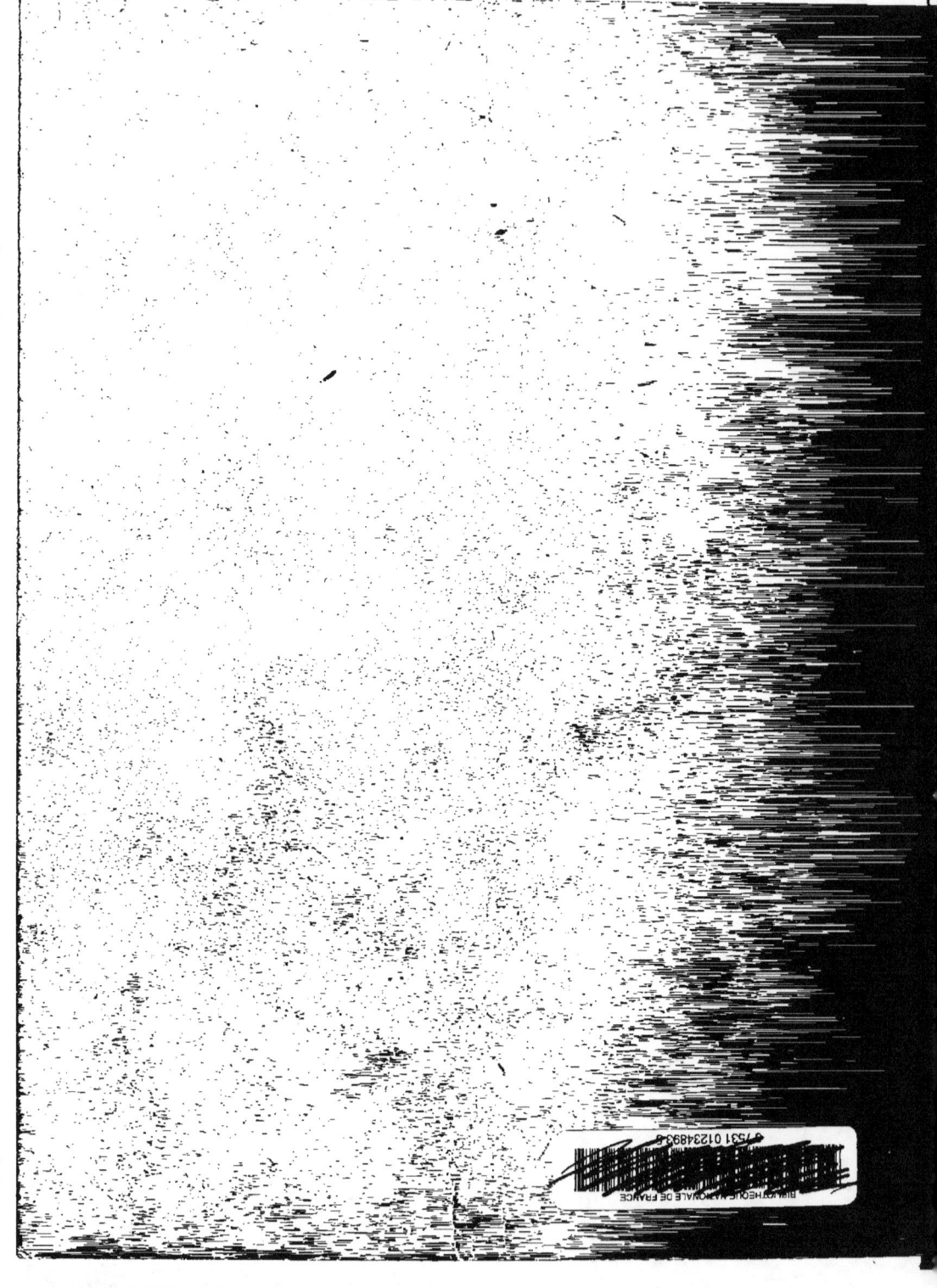

www.ingramcontent.com/pod-product-compliance
Lightning Source LLC
LaVergne TN
LVHW021706080426
835510LV00011B/1610